AF316397

FRANÇOIS-ALEXIS GOUAMIER

MÉDECIN

ANGERS

IMPRIMERIE LACHÈSE ET DOLBEAU

4, Chaussée Saint-Pierre, 4

—

1885

FRANÇOIS-ALEXIS GOUAMIER

MÉDECIN

❧

ANGERS

IMPRIMERIE LACHÈSE ET DOLBEAU

4, Chaussée Saint-Pierre, 4

—

1885

François-Alexis GOUAMIER

MÉDECIN

Le 14 février 1884, un convoi suivait, vers l'église de la Madeleine du Sacré-Cœur, le corps de feu M. François-Alexis Gouamier, médecin.

Son frère, chanoine honoraire de la cathédrale, conduisait le deuil. Il était accompagné de M. le chanoine Goupil, vicaire général, des membres de sa famille et d'une remarquable assistance d'ecclésiastiques et de laïcs.

Trois docteurs en médecine et un docteur en droit de la Faculté catholique d'Angers, tenaient les cordons du char funèbre.

A voir, dans cette église votive du Sacré-Cœur, le recueillement et l'attitude pieuse qui concordaient avec la célébration du très saint sacrifice, il était consolant de reconnaître que tous les cœurs émus et suppliants s'élevaient, à la fois, vers le ciel. en faveur du cher trépassé.

Le corps transporté au cimetière et les dernières
prières dites, on semblait attendre que quelqu'un
parlât de la vie de ce chrétien exemplaire, avant
que sa dépouille mortelle, séparée pour un temps
de l'âme qui l'avait occupée, fut rendue à la terre.

Invité par la famille, incité par ses jeunes confrères, le plus âgé des médecins dût prendre la
parole dans cette intention.

Messieurs,

Dans cette cérémonie émouvante ; devant ce cer-
cueil, nous aurions aimé à entendre une voix plus
autorisée célébrer les vertus et les mérites du bon,
aimé et respecté confrère auquel nous rendons, au-
jourd'hui, les derniers services et les derniers hom-
mages.

Bien qu'il en coûte à notre insuffisance, il nous
importe cependant d'essayer, par devoir et par affection, de glorifier Dieu dans son serviteur fidèle.
Une des plus grandes consolations, la seule même
acceptable et suffisante pour des chrétiens, n'est-
elle pas, après la perte d'un être chéri et purifié par
les sacrements de notre sainte mère l'Église, de
mettre en commun leurs espérances et leurs prières
en faveur de l'âme qui a quitté la terre pour le
ciel?

François-Alexis Gouamier naquit à Angers ;
soixante-quinze années de vie lui furent accordées ;
il sut faire de ses jours un usage de fidélité envers

son Créateur ; de soulagement envers ses semblables et tout d'honneur pour lui-même et les siens.

La famille, dont il reçut les premières caresses et les premiers enseignements, est de celles qui ne se sont jamais laissées atteindre par les dégénérescences de notre temps. C'est au sein de cette famille patriarcale qu'il recueillit les fortes croyances ; les mœurs pures et simples, et qu'il développa le tempérament solide qui lui a permis de parcourir une rude carrière.

La maison des Gouamiers, disait-on, dans le faubourg Saint-Michel, est une maison à prêtres et à religieuses : c'était une manière familière d'énoncer leur titre de noblesse : *Dévouement et sacrifice.*

Il n'y a pas failli : nous en avons les vénérables témoins devant nous.

Ainsi bien préparé au foyer paternel, l'adolescent fit ses humanités, au Lycée d'abord, et bientôt à Combréc, d'une manière solide.

Chaque année, il sut conquérir l'estime de ses maîtres et l'affection de ses condisciples ; et cela, en se donnant à la règle avec une droiture irréprochable. Sa piété et ses autres qualités aimables le firent placer, dès le principe, à la tête de la congrégation, par le vénérable abbé Drouet, fondateur de cette institution providentielle.

Il appréciait si favorablement cet élève *exemplaire*, qu'il lui arriva de ne pas punir, à sa seule considération.

Pour une âme si généreusement douée et un cœur si pur, ce milieu d'éducation chrétienne ne pouvait être que fortifiant : là, son œil ne rencontre point ce qu'il eut en horreur de regarder et son oreille ne fut point heurtée parce qu'il n'aurait jamais consenti à écouter.

Quel contraste avec cette atmosphère dissolvante des internats où une jeune âme est contrainte de s'étioler, sans que le prêtre puisse l'assainir par sa présence et son enseignement. Il faut avoir vécu dans ces deux milieux pour les comparer équitablement et juger les résultats corroborants du premier et les détériorations morales et physiques du second.

Quelle anxiété douloureuse pour des familles chrétiennes et *pauvres* que de subir, dans leurs chers enfants, cette tyrannie diabolique !

L'étude des belles-lettres et de la philosophie terminée, qu'allait devenir le jeune François, au sortir du collège ? Les traditions de sa famille étant « se dévouer », serait-il prêtre, ou soldat, ou médecin ? Il fut médecin.

Cette profession peut être dangereuse pour l'âme et périlleuse pour la vie ; à une conscience délicate, les responsabilités en sont pesantes ; les forces physiques ne suffirent pas toujours aux assujétissements permanents qu'elle impose ; le début des études, leur longueur, comme le début de l'exercice, titre obtenu, tout est pénible. Le jeune étudiant se laissa-t-il attarder par ces considérations peu rassurantes ? Non, certes ; car il savait ce qu'il devait déjà à la divine Providence. Il avait marché jusqu'alors en présence de Dieu ; sans réserves, dans l'accomplissement de ses devoirs ; il avait tenu son cœur ouvert devant lui et en avait soigneusement banni tout sentiment qui aurait pu lui déplaire ; il devait continuer à marcher droit sous sa garde.

Il fut donc médecin, dans l'acception la plus pure et la plus complète du titre et de l'exercice.

M. Gouamier fit ses études médicales à Nantes, avec cet esprit de suite, cette sollicitude d'observation clinique qui nourrit son esprit d'un corps de doctrine, fruit de l'expérience, exempt de système et de parti-pris : il y conquit l'éducation exacte de ses sens, en même temps que cette sagacité et ce tact nécessaires au praticien. Des concours successifs, soutenus avec distinction, lui procurèrent l'honneur et le profit de deux années d'internat dans les hôpitaux, champ immense d'étude.

Il en sortit avec la joie de rapporter dans sa famille son titre à l'exercice et celui de lauréat.

Ni son ambition, ni son amour-propre ne s'élevèrent jusqu'à conquérir le titre de docteur, non, certes, qu'il le dédaignât, car il était la modestie même ; mais il comprenait que le titre d'officier de santé lui suffisait : son droit était légalement acquis à faire l'application pratique de la devise de sa famille « se dévouer » et cela, sous l'une des formes les plus nécessaires à l'humanité ; il n'en désirait pas davantage.

La science est progressive de sa nature, le titre ne l'infuse pas, il ne fait que donner un droit justifié à sa mise en œuvre pour la conservation de l'homme et de la société.

Toutefois, pour augmenter le périmètre de son exercice, il se soumit aux mêmes épreuves, pour l'obtention du même titre et des mêmes droits dans plusieurs départements.

Fort de cette croyance : que le médecin est l'ouvrier de Dieu pour la conservation de la vie humaine ; fort de sa bonne volonté ; fort aussi de son bagage scientifique, plus riche que sa bourse ; il alla bravement planter sa tente à Saint-Clément-des-Levées, et y exerça la médecine pendant *trente-deux ans*.

Ce qu'il fit de bien dans son entourage au corps et aux âmes ; — car ces deux parties constitutives de notre être ne quittaient jamais sa pensée ; — ce qu'il dépensa de soins délicats et consciencieux ; de fatigues pour lui-même, et sa bourse modeste, toujours *anémiée* par de trop fréquentes saignées ; oui, ce qu'il fit de bien pendant cette longue période, Dieu seul le sait entièrement, et ses clients s'en doutèrent bien un peu.

Ce fut, notamment, pendant les désastres de la guerre formidable que nous avons dû subir, « 1870-1871 », qu'il donna carrière à tout son zèle et à son industrieuse entente des secours immédiats, par l'établissement d'une ambulance ; bien que denué de toutes ces ressources qui abondent à la Ville. Aussi la Société française de secours aux blessés et malades, s'empressa-t-elle de lui offrir la croix de bronze, insigne de l'œuvre, ainsi que le diplôme,

en souvenir de ses services si intelligents et si
dévoués.

Cependant il fallut un jour s'éloigner de cette
clientèle où il s'était créé des relations si agréables
et dont-il possédait la plus entière confiance : Cette
confiance, les médecins de Saumur, vers lesquels,
en toute sollicitude, il dépéchait ses malades, se plai-
saient encore à l'accroitre, en témoignant la haute
estime qu'ils professaient pour le savoir et le carac-
tère du modeste praticien. Oui, il lui fallut quitter
Saint-Clément-des-Levées, lorsque sa conscience
lui eut clairement demontré l'amoindrissement
considérable de ses moyens d'investigation : il avait
perdu en grande partie, le sens de l'ouïe. Cette
épreuve fut pénible à son cœur de médecin, et vient
rendre plus intense cette semi-pénurie, dans laquelle
il s'était toujours complu : recevant pour donner.

Toutefois des consolations lui étaient reservées,
en outre de celle de son for intérieur. La population
de Saint-Clément, dont il était la joie et la sécurité,
lui fit bien comprendre par l'expression des plus
tendres regrets, et en le liant par l'obtention de
promesses de retour et de continuité de rapports,
combien elle respectait et affectionnait le médecin
généreux qui emportait toute sa reconnaissance.

Après sept années écoulées, son doux et précieux
souvenir est demeuré vivace ; aussi n'est-ce pas sans
larmes et sans prières que la nouvelle de son décès
s'y répandit.

Il revint donc à Angers près de son frère : et ce
ne fut pas un moindre dédommagement pour lui,

que de goûter, de plus près, le bonheur d'une union qui ne s'était jamais démentie, dans une vie quotidienne, peu aisée, il est vrai, mais enrichie par des délicatesses réciproques pleines de charmes.

C'est sans doute à cette époque que notre association des médecins vint offrir, avec une respectueuse sympathie, à notre éprouvé et vénérable confrère, l'assistance de la caisse commune.

Sa résidance à **Angers** lui procura encore une satisfaction qu'il n'avait pas espéré, vu sa surdité : celle de pouvoir continuer à se rendre utile par l'exercice de la médecine, dans son entourage pauvre.

Grâce à l'obligeance de ses jeunes confrères, dont il empruntait l'oreille ; se faisant leur élève, en retour, avec une aimable bonhomie, il était mis sur la voie ; sa sagacité et son expérience d'observateur aidant, il menait les choses à bien. Et c'est ainsi, avec une charité qui l'a soutenu jusqu'à la fin, qu'il a pu, pendant *quarante années*, parcourir sa noble carrière.

C'est ici, disent encore les pauvres gens, en passant dans la rue Pascal : c'est-ici que demeurait le bon petit médecin.

François Gouamier était en effet petit de taille et, grand de cœur ; d'une constitution robuste ; il ne s'épargnait, ni de jour, ni de nuit. A le voir marcher d'un pas ferme et accéléré ; l'œil sur son chemin ; la pensée à son objet ; on devinait l'homme occupé, ennemi du farniente et ignorant l'ennui. Son abord était toujours cordial et grâcieux, par son doux sourire ; son attitude était modeste, rien qu'à sa manière de prêter l'oreille et de suivre, d'un œil discret et attentif, la parole sur les lèvres, il révélait son humilité et sa crainte d'importuner, en faisant répéter. Toutefois, la conversation le rendait heureux, il l'accueillait et la recherchait, à l'occasion, avec avidité, et ne manquait pas d'en reconnaître l'obligeance par une chaude poignée de main ; mais il savait se borner ou s'abstenir ; les mots « Pardon... je vous remercie... excusez-moi » revenaient vite sur ses lèvres.

Sa résignation, en regard des épreuves de sa vie, et notamment de l'affaiblissement considérable de l'ouïe, était ferme ; il donna également témoignage de cette vertu qui lui était familière, à la suite d'une perte d'argent, relativement considérable, dans l'effondrement des opérations financières qui ont illusionné notre temps et causé tant de ruines.

Sa pénurie accrue n'arrêta pas cependant une largesse en faveur de la chapelle de la médecine dans la basilique du vœu national à Montmartre, afin que l'exercice de la médecine, de la pharmacie, de l'assistance hospitalière, redevint généralement chrétien.

Il prisait fort le titre et les fonctions du médecin : de ce précepte des livres saints *honora médicum propter necessitatem*, il déduisait des motifs d'adoration et de reconnaissance envers la miséricorde de Dieu allégeant la punition de sa créature coupable, et des motifs d'humilité et de responsabilité grave, pour le médecin, investi ainsi de la mission divine de conserver la vie.

La vie, ce don de Dieu! la vie, était l'objet de tous ses respects et de toute sa sollicitude : chez les petits, chez les grands, chez les pauvres comme chez les riches. Pour cette fin, les progrès de la science le remplissait d'enthousiasme.

La raison de l'admirable carrière médicale parcourue, par notre regretté confrère, s'explique par le soin scrupuleux qu'il prit de l'éclairer à la lumière de la foi, et de se dire humblement l'ouvrier de la Providence.

Sa piété etait touchante, empressée, impatiente ; le sacristain, par tous les temps, n'était pas toujours le premier rendu à la porte de l'église. Il avait hâte de se prosterner devant la personne réelle de Notre-Seigneur-Jésus-Christ au Sacrement de l'Eucharistie. Quels colloques entre le doux Sauveur et cette âme immergée tout entière dans sa dilection !

Faire le chemin de la croix, suivre le divin Rédempteur pas à pas, faire passer sous ses yeux, en larmes, et dans les tresaillements de son cœur identifié, les souffrances morales et physiques de la douloureuse passion, en vue de notre salut, c'était ses délices de reconnaissance.

Il y a lieu de croire qu'il ne perdait pas la présence de notre Seigneur de la journée : avant le repas du midi, il aimait à se livrer à la méditation ; il se retirait alors dans sa chambre, en laissant sa porte grande ouverte afin qu'on put l'avertir directement, à cause de sa surdité, par une disposition imprévue, une glace se trouvait placé de telle sorte qu'on pouvait l'observer, sans qu'il s'en doutât, dans l'attitude du recueillement et de la prière ; c'était la tête d'un prédestiné illuminée d'un rayon céleste.

C'est bien alors qu'il pouvait se dire : heureuse infirmité qui me soustrait à toute distraction et me laisse ravi dans l'absolue possesion de l'amour des amours.

Se sentant très fort, il aimait à exprimer gaîment l'espoir qu'il donnerait à ses sœurs et à son frère, plus jeunes que lui, l'exemple de la longevité. Toutefois, il n'oubliait pas qu'il portait lé nom de Saint-François, et, depuis longtemps déjà, il s'était mis à l'école de ce maître en privations, ceignant ses reins de sa livrée. Il se hâtait en bonnes œuvres de toutes natures, comme un homme qui ne veut pas s'attarder, en prévision d'un ordre de départ.

Malgré son infirmité il entreprit le pélerinage au tombeau de Saint-Martin à Tours : ne fallait-il pas qu'il allât dire au Seigneur, avec le Soldat-Évêque : *non recuso laborem*, mais faites de moi ce qu'il vous plaira. Il suscitait par son exemple des actes de grâcieux dévoûment : c'est-ainsi qu'il en fut l'objet, au retour de ce pélerinage en pleine nuit ; une famille entière l'avait mis en surveillance, sans qu'il s'en doutât, et le ramena sauf à son logis.

Ne serait-ce pas dans cet excès de bonheur qu'il recherchait aux pieds et en vue de son Bien aimé, qu'il aurait contracté la maladie qui devait nous l'enlever ? Dieu ne se laisse jamais vaincre en générosité ; à l'âme qui s'offre à lui, entièrement dépouillée de toute attache terrestre, il donne le ciel.

Membre de la Confrérie du Très Saint-Sacrement, adorateur exact à l'heure choisie, dans la journée, il revenait encore le soir à la cathédrale assister au salut et à la procession, afin de gagner les indulgences applicables aux âmes du purgatoire : y est-il arrivé le corps en nage, par une marche forcée, et s'y est-il refroidi à l'excès ? Le fait est qu'il revint chez lui exténué, après des arrêts répétés sur son long parcours.

Il est facile de comprendre comment un tel homme, préparé par une telle vie devait mourir : Oui, il pouvait mourir, cet ami de Dieu et de l'humanité, la récompense promise attendait ce bon serviteur.

Un peu de soulagement lui fut donné par une première visite du médecin ami. Mais à 3 heures de nuit, il s'asphyxiait sous l'oppression d'une congestion pulmonaire, quand, préoccupé, l'heureux médecin arrivé inopinément, pût, par une large saignée, obtenir un répit de 24 heures. La déplession opérée, le jeu de l'organisme se rétablit assez, pour que l'âme, qui n'en était point encore séparée, manifestât à nouveau sa présence.

Oh ! que ce court temps fut bien utilisé ! Quelles effusions d'adoration d'amour et de reconnaissance, en recevant les forces et les consolations de la religion ; quels trésors de tendresse et de gratitude répandus dans son cher entourage, et aussi quelles loyales espérances ! Et c'est ainsi que ce fidèle soldat de notre arme a pu quitter la vie, sans peur et sans reproche, car il avait été comme le vrai chevalier chrétien, le soldat de Dieu, avant tout, *nunquam retro.*

Il s'éteignit donc doucement et lentement. Sa belle âme, enlevée par son cher ange gardien, fixa sur son visage glacé l'empreinte de la paix et de sa dernière pensée : le sourire d'une pieuse reconnaissance.

Réjouissez-vous Monsieur le chanoine ; réjouissez-vous Mesdames sœurs : Vous, captive volontaire du cloître et de l'hôpital et vous Madame, à laquelle la maladie impose la dure privation de l'absence ; réjouissez-vous famille digne de respect et d'admiration ; que votre œil quitte la terre et pénètre le ciel, car vous y pouvez compter, parmi les vôtres, un élu et un protecteur en plus.

Comment pourrait-il en être autrement ? vivant en Notre-Seigneur-Jésus-Christ et Notre-Seigneur vivant en lui, n'a-t-il pas été présenté à l'infinie justice par la réparation infinie !

Puisse-t-il nous obtenir à tous une dernière heure semblable à la sienne ; pour jouir, comme lui, de la claire vue de Dieu et le glorifier dans des adorations, des harmonies et un bonheur qui ne finiront jamais.

ANGERS, IMPRIMERIE LACHÈSE ET DOLBEAU.

www.ingramcontent.com/pod-product-compliance
Lightning Source LLC
LaVergne TN
LVHW051135060726
842526LV00006B/2074